Autorin: Britta Kienle

Kontaktaufnahme:
E-Mail: kartenlegen@t-online.de
Internet: www.kartenlegekurse.de

Sofortiges Kartenlegen bei Tag und Nacht
Britta und weitere Kolleginnen
0190 86 18 70 cdc € 1,86/min

Verlag:
www.Brika-Verlag.de
Tel: ++49(0)711 316 64 66

Herstellung:
Books on Demand GmbH
Norderstedt

ISBN 3-93 65 68-00-6

Inhalt:

Danksagung

Meinen Freundinnen, Kay, die mich stets
unterstützt, und Liz, die mich beim
Computerschreiben immer wieder gerettet hat,
möchte ich meinen herzlichen Dank aussprechen.

Gewidmet
meinem lieben Freund Enrique Souto,
der mir zur Seite stand
und mich stets liebevoll aufmunterte.

Nichts existiert in der Realität,

was nicht aus einem Traum entstanden ist.

Die Kunst des Kartenlegens und Kartenlesens

Das **Kartenlegen** ist eine seit Jahrhunderten von Generation zu Generation **überlieferte Tradition.** Auch heute ist sie aus unserem Alltag nicht mehr wegzudenken. Immer mehr Menschen suchen in dieser Kunst

Rat und Hilfe für ihr Leben.

Eine der bedeutendsten Vertreterinnen dieser Kunst war **Mlle. Lenormand.** Ihre hellseherischen Fähigkeiten sowie ihr feines Gespür für die Probleme Ihrer Mitmenschen werden auch heute noch anerkannt. Sie lebte von 27.05.1782 bis 25.06.1843 in Paris und wurde von zahlreichen politischen und adligen Persönlichkeiten konsultiert. Seit Jahren habe ich mit Hilfe dieser Kunst schon vielen Menschen helfen können. Aus dieser Erfahrung heraus, ist es mir ein Bedürfnis, die **Kunst des Kartenlegens** auch allen interessierten Leuten weiterzugeben, um diese schöne Tradition zu erhalten.

Ich bin sicher, dass Ihnen dieser Kompakt-Kurs
Kartenlegen für den Alltag
in 7 Schritten mit Übungen
viel Freude bereiten wird

Noch ein Tipp zum Thema Ängste:

Private und berufliche Probleme und Unstimmig-keiten können besonders bei sensiblen Menschen leicht Ängste auslösen oder verstärken, die dann das tägliche Leben beeinflussen oder sogar beherrschen können.

Mir selbst erging es da nicht anders.

In dieser Zeit begann ich das Kartenlegen zu erlernen, wurde dadurch feinfühliger und begann mehr auf meine **innere Stimme** zu hören. Trotz allem sollte man nicht vergessen, dass das Kartenlesen lediglich Möglichkeiten und Wege aufzeigt, die man verfolgen könnte, wobei es uns selbstverständlich jederzeit frei steht, einen anderen Weg einzuschlagen.
Auf jeden Fall geben Ihnen die Karten:

- Anregung zum Nachdenken,
- vielleicht auch einen Impuls, etwas zu unternehmen,
- Hinweise, um eventuelle Probleme zu verhindern.

Durch diese Erkenntnis werden Sie *Ihren* Weg finden, den Weg, den Sie gehen wollen.
Denn Sie wissen ja: man muss

sein Schicksal selbst in die *Hand nehmen.*

Noch eine persönliche Bitte:
Schauen Sie nicht wegen jedes Problems in die Karten.

Werden Sie nicht abhängig!

Erster Schritt

Karten verstehen und deuten lernen

Das Wichtigste ist:

1. Die Bedeutung:
   Die Bedeutung jeder Karte gut in sich aufzunehmen und wirken zu lassen.

2. Das Sehen zu lernen:
   Deshalb gehen wir Schritt für Schritt vor.

3. Ihre Intuition walten zu lassen:
   Wichtig ist es auch, auf die innere Stimme zu
   hören.
   Am Anfang mag das für manche sehr schwierig
   sein, aber unsere Intuition haben wir von Natur
   aus mitbekommen.
   In unserer heutigen schnelllebigen Zeit haben
   wir Menschen den Kontakt zu ihr jedoch häufig
   verloren!

4. Das Interpretieren:
   Üben Sie täglich 15 Minuten mit Ihren Karten!
   Nehmen Sie Kontakt mit den Karten auf und
   sprechen Sie die Bedeutung laut vor sich hin.
   Umso schneller lernen Sie.

Akzeptieren Sie, wenn Sie an manchen Tagen nicht so gut interpretieren können. Das ist ganz normal.

Üben Sie trotzdem!

Ich möchte Ihnen das Lesen und Interpretieren der Karten auf eine recht einfache Weise in 7 Schritten vermitteln.

Entnommen den Handbüchern des großen Selbstlernkurses.

Sie werden sich am Ende dieses Kurses wundern, wie viel Sie bereits aus den Karten herauslesen können.
Auch werden Sie im Laufe der Zeit bemerken, wie Ihr Gespür sich immer mehr verfeinert.

Nun wünsche ich Ihnen viel Spaß und Erfolg beim Erlernen des Kartenlesens

Hören Sie auf Ihre innere Stimme!

1. Reiter
Nachricht, Gespräche,
z. B. Sie führen Gespräche:
liebevoll, geheim, clever,
im Streit usw.

2. Kleeblatt
kleines Glück,
glückliches Gelingen,
glücklicher Ausgang

3. Schiff
kleine Reise,
Nachbarstadt,
innerhalb des Landes

4. Haus
häuslicher Bereich,
im und um das Haus,
Sicherheit,
Geborgenheit

5. Baum
steht für das Leben:
Abstammung, Stabilität,
etwas, das man mit
Sicherheit erleben
wird

6. Wolken
undurchschaubar,
etwas unklar,
nicht deutlich
erkennbar,
Unklarheiten

Personenkarte

7. Schlange
Großmutter,
Tante, usw.,
ältere Frau oder
Freundin,
Arbeitskollegin,
Ex-Frau,
auch Geliebte

Personenkarte

8. Sarg
Gesundheit,
Tod (etwas,
das für den
Fragenden
gestorben ist)

9. Blumenstrauß
großes Glück,
Geschenk,
Einladung,
Feier

10. Sense
plötzliches Ende,
plötzlicher
Neubeginn,
Durchsetzung

Negative Karte

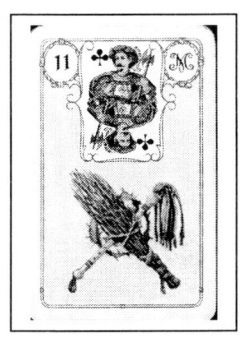

11. Rute
Ärger,
Verdruss,
Streit

Negative Karte

12. Vögel
vorübergehende
Mühen,
Kummer
(kleiner Kummer)

Personenkarte

13. Kind
Kind, Tochter,
Arbeitskollegin,
junge Frau,
Freundin,
Geliebte

14. Fuchs
In Verbindung mit
positiver Karte:
Klugheit, Intelligenz,
clever, schlau.
In Verbindung mit
negativer Karte:
Falschheit, Diebstahl
bei Krankheit: chronisch

Personenkarte

15. Bär
Vater, Großvater,
Onkel, usw.,
älterer Mann,
Arbeitskollege,
Ex-Mann, Freund,
Geliebter

16. Sterne
Intuition, Seele,
Sehnsucht

17. Storch
Veränderung,
Erneuerung,
Wandlung,
Beweglichkeit,
Technik

Personenkarte

18. Hund
Kind, Sohn,
Tochter
(männlich veranlagt),
Bruder, Freund,
junger Mann,
Liebhaber

19. Turm
Schule,
Ausbildung,
Arbeit

20. Garten
Öffentlichkeit,
Menschenansammlung

21. Berg
Stärke, Macht,
Größe,
mächtig, breit, dick,
 unüberwindliches
Hindernis,
Blockade

22. Weg
getrennte Wege,
neue Wege,
Entscheidungen treffen,
Lösungen suchen

Personenkarte

23. Ratte
Verlust, Angst,
auch Krankheitskarte,
(etwas frisst und
nagt an der
betreffenden Person,
bei der die Karte liegt.)

24. Herz
Liebe,
Herzlichkeit

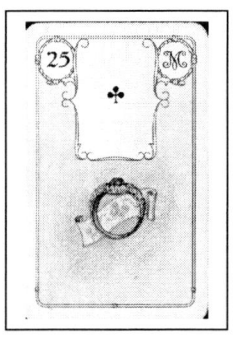

25. Ring
Ehe, Partnerschaft,
Verbindung

26. Buch
erlerntes Wissen,
Geheimnis,
Wissen sammeln,
es ist etwas noch
nicht spruchreif

27. Brief
schriftlicher Kontakt,
(Post, Verträge),
Telefon,
Fax, E-Mail,
schneller Kontakt ist
unterwegs

Personenkarte

28. Mann
Fragender,
Ehemann oder
Partner von
Nr. 29 (Frau)

Personenkarte

29. Frau
Fragender,
Ehefrau oder
Partnerin von
Nr. 28 (Mann)

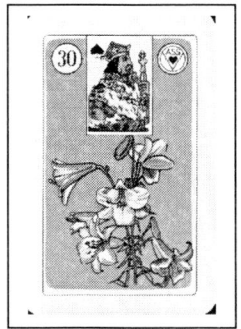

30. Lilie
In Verbindung mit
positiver Karte:
Anregung (Sex),
In Verbindung mit
negativer Karte:
Aufregung (Hektik)

31. Sonne
Erfolg,
Wärme,
Hitze,
Süden,
Sommer

32. Mond
Gefühle,
Anerkennung,
Abendstunde,
Nacht,
Norden

33. Schlüssel
Power,
Arbeit,
Handwerk,
Aktivitäten

34. Fische
Geld,
Finanzen

35. Anker
Alter,
Länge,
Tiefe,
Ausland,
weite Reise

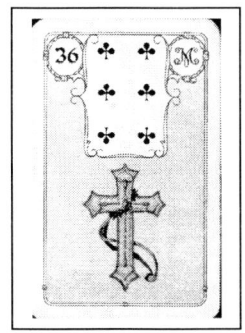

36. Kreuz
Zukunft,
Glaube

Der erste Schritt ist Ihre innere Haltung. Entspannen Sie sich und setzen Sie sich nicht unter Erfolgsdruck. Bleiben Sie also gelassen und offen für Ihr intuitives Gespür. So fällt es Ihnen leichter, eine klare Aussage In den Karten zu erkennen

Ihr Unterbewusstsein kennt nur die Sprache der Bilder und Symbole

Mischen Sie die Karten, legen Sie diese mit der Bildseite nach unten auf den Tisch und verteilen Sie sie mit beiden Händen.
Sie können die Karten auch fächerartig auslegen.

Am Anfang bitte nur zwei Karten ziehen und diese interpretieren. So kommen Sie viel schneller voran. Ich spreche hier aus eigener Erfahrung.

Nun ziehen Sie eine Karte mit Ihrer linken Hand. Betrachten Sie die Karte genau und sagen Sie deren Bedeutung laut vor sich hin. Sollten Sie diese vergessen haben, so lesen Sie nochmals in der Aufstellung (S.10-21) nach. Am Anfang ist es noch ein wenig schwierig, sich alle Bedeutungen zu merken.

Zum Beispiel:

Sie haben die Karte Nr. 25 **Ring**
Ehe oder Partnerschaft - gezogen.

Machen Sie sich klar, was Sie wissen wollen.
Ihr Unterbewusstsein kennt Ihre Antwort bereits.
So könnten Sie beispielsweise fragen:

Was will die Karte mir sagen?

Ziehen Sie noch eine Karte. Zum Beispiel die
Nr. 2 **Klee** - kleines Glück -.
Nun verbinden wir diese beiden Karten.

Nr. 25 Ring   +   *Nr. 2 Klee*
Ehe oder Partnerschaft   *kleines Glück*

Die Partnerschaft
(ob verheiratet oder nicht) ist glücklich.

Jetzt ein paar Übungen:

Interpretieren Sie und lassen Sie dabei Ihre Intuition
walten.
Fassen Sie die Aussagen mit ihren *eigenen Worten*
in ein oder zwei Sätzen zusammen. Machen Sie sich
keine Gedanken, wenn Ihre Formulierung von
meinem Lösungsvorschlag abweicht, lediglich der
Sinn sollte übereinstimmen. Tragen Sie *Ihre*
Antworten in die folgenden Übungsbeispiele ein.
Vergessen Sie bitte nicht, es gibt keine feste oder
absolut richtige Antwort!
Kartenlegen ist ein Orakel und nur SIE können
interpretieren, was die Karten IHNEN sagen.

Nach den Übungen finden Sie *meine* Interpretationen mit *meinen* Worten als mögliche Deutung
ausgedrückt.

Viel Spaß beim Üben!

Nun mischen Sie die Karten erneut auf dem
Tisch. Wie zuvor beschrieben ziehen Sie nun
wieder mit der linken Hand eine Karte.
Übrigens: Ziehen Sie immer mit der linken Hand,
weil Ihre linke Seite Ihre intuitive Seite ist.

Sie ziehen beispielsweise

Nr. 22 Wege   +   *Nr. 9 Blumenstrauß*
Neue Wege   *Großes Glück*

Nun interpretieren Sie:

Entschei...
....

Noch ein Beispiel:

Nr. 4 Haus   +   *Nr. 11 Rute*
Häusl. Bereich   *Streit*

....

Meine eigene Interpretation:

Nr. 22 Weg   +   *Nr. 9 Blumenstrauß*
Neue Wege   *großes Glück*

Sie gehen neue Wege. Diese bringen Ihnen Glück.

Nr. 4 Haus   +   *Nr. 11 Rute*
Häusl. Bereich   *Streit*

Im häuslichen Bereich gibt es Streit.

Nun wollten Sie wissen

Wie geht der Streit im häuslichen Bereich aus?

Sie ziehen erneut eine Karte.
Diesmal die Karte Nr. 2 Klee.

Nr. 4 Haus   + *Nr. 11 Rute* + *Nr. 2 Klee*
Häusl. Bereich   *Streit*   *Glück*

Im häuslichen Bereich gibt es Streit, der wieder
gut ausgeht.

Hätten Sie die Karte Nr. 23 Ratte gezogen,
so wäre die Interpretation negativ ausgefallen.

Nr. 4 Haus + *Nr. 11 Rute* + *Nr.23 Ratte*
Häusl. Bereich   *Streit*   *Verlust, nagen*

Im häusl. Bereich gibt es Streit, der an Ihnen nagt.

Diese Übung sollten Sie täglich machen.
So lernen Sie die Bedeutung der Karten auf
spielerische Weise kennen und verstehen.

Zweiter Schritt

**Mischen und Auslegen des Tableaus
(großes Kartenbild)**

Mischen Sie die Karten mindestens siebenmal und
formulieren Sie während des Mischens Ihre Fragen
in klarer Form.
Machen Sie sich dabei klar, was Sie wissen wollen.
Ihr Unterbewusstsein weiß Ihre Antworten bereits.

Zum Beispiel:

*Wie sieht es mit mir aus?
Was könnte auf mich zukommen?
Was war mit mir?
Wie sieht es mit meiner Arbeit aus und
wie geht es weiter?
Wie sieht es mit meiner Ehe aus und wie
geht es weiter?
Kommt eine neue Liebe auf mich zu?*

Stellen Sie nicht zu viele Fragen auf einmal.
Sie könnten Ihr Unterbewusstsein dabei eventuell
überfordern.

Nun legen Sie die 36 Karten, wie in der Vorlage
Nr. 1 gezeigt, mit der Bildseite nach oben aus:

> *4 Reihen zu je 8 Karten und
> 1 Reihe mit den restlichen 4 Karten*

Nun haben wir das Tableau mit allen 36 Karten
vor uns liegen.

Wichtig - Merken Sie sich:

Ist die *Personenkarte* (Nr. 28 oder Nr. 29)
die erste Karte, so ist die Person *zukunftsorientiert*.

Liegt die *Personenkarte* am Ende des Tableaus,
denkt die Person oft an die *Vergangenheit*.

Die erste Karte des Tableaus zeigt Ihnen das
momentan wichtigste Thema an (z.B. Haus, Ehe,
Reise usw.)

Merken Sie sich besonders diese beiden Karten:

Nr. 29 Frau - das sind entweder Sie selbst
oder die Fragerin, oder aber die
Partnerin vor Nr. 28. Dies richtet
sich nach der Person, für die die
Karten gelegt werden.

Nr. 28 Mann - das sind entweder Sie selbst
(wenn Sie ein Mann sind) oder
der Frager, oder aber der Partner
von Nr. 29.

Das Thema ist Liebe

Vorlage 1

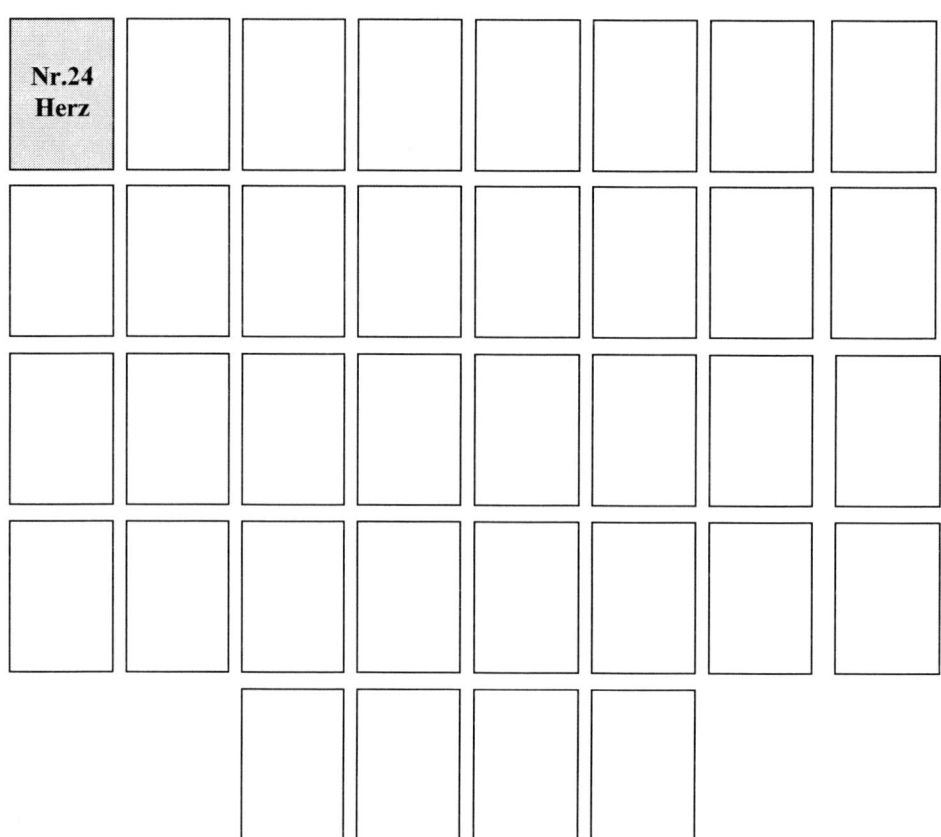

Sie haben das große Kartenbild ausgelegt und können
schon gleich zu Beginn 2 Aussagen machen:
Die 1. Karte zeigt Ihnen bereits das Thema an.

Hier geht es um die Liebe

Liegt die Fragerin (der Frager) in der 1. Reihe, ist
sie (er) zukunftsorientiert.
Liegt die Fragerin (der Frager) in der 4. oder 5. Reihe,
denkt sie (er) an die Vergangenheit.

Üben wir nun, wie Sie eine waagrechte Kartenreihe deuten können.
Von der ersten bis zur achten Karte

Nr.24	Nr.6	Nr.12	Nr.28	Nr.32	Nr.21	Nr.3	Nr.31
→	→	→	→	→	→	→	→

In der Liebe gibt es Unklarheiten und Kummer mit dem Partner.
Die Gefühle des Partners sind blockiert.
Es wäre vorteilhaft, eine kleine Reise zu unternehmen, da diese sich sehr positiv auswirken würde.

Merken Sie sich:
Da die **Sonne** am Ende der Kartenreihe liegt, ist diese **Partnerschaft** gut. Die achte Karte (*Sonne*) am Ende einer Reihe zeigt an, dass hier die **Liebe** überwiegt. (Sind der **Kummer** und die **Blockaden**, vielleicht eine Lernaufgabe?)

Wenn nun aber eine negative Karte als achte Karte, das heißt am Ende einer Kartenreihe läge, so müsste man sich schon Gedanken über die Partnerschaft machen.

Jetzt üben wir das Interpretieren einer Kartenreihe

von Nr.28 Mann aus nach rechts in die Zukunft
von Nr.28 Mann aus nach links in die Vergangenheit

Nr.4	Nr.11	Nr.12	Nr.28	Nr.17	Nr.6	Nr.16	Nr.9
←	←	←		→	→	→	→

Bitte interpretieren Sie die Zukunft von Nr. 28 aus gesehen nach rechts

....

Bitte interpretieren Sie die Vergangenheit von Nr. 28 aus gesehen nach links

....

Nun interpretieren Sie die Vergangenheit mit der Zukunft zusammen

....

Mein persönlicher Lösungsvorschlag:
*Dieser Mann Nr. 28 hatte in der **Vergangenheit** Kummer und Ärger im häuslichen Bereich.
In **Zukunft** sehnt er sich nach einer noch nicht klar ersichtlichen Veränderung. Es wird jedoch alles gut für ihn ausgehen (da die Nr. 9 am Ende liegt).*

Weiteres zu diesem Themengebiet finden Sie im Handbuch I meines großen Selbstlernkurses.

Dritter Schritt

Nun üben wir den
Momentan-Zustand und die nahe Zukunft

			denkt noch daran was ist oder war				
		es ist oder es ist gerade vorbei	Person oder Thema	es ist oder es kommt bald			
			so wird oder kommt es				

Auf den nachfolgen Seiten werden wir dies anhand einiger Beispiele erläutern. Sie werden sehen, es macht Spaß in die Gegenwart und in die nahe Zukunft zu sehen. Haben Sie keine Angst, beunruhigende Dinge aus Ihrer Zukunft zu sehen. Dazu möchte ich Ihnen sagen:

Die Zukunftsdeutung soll eine Lebenshilfe sein,
keine Angstmacherei.

Momentan-Zustand 2

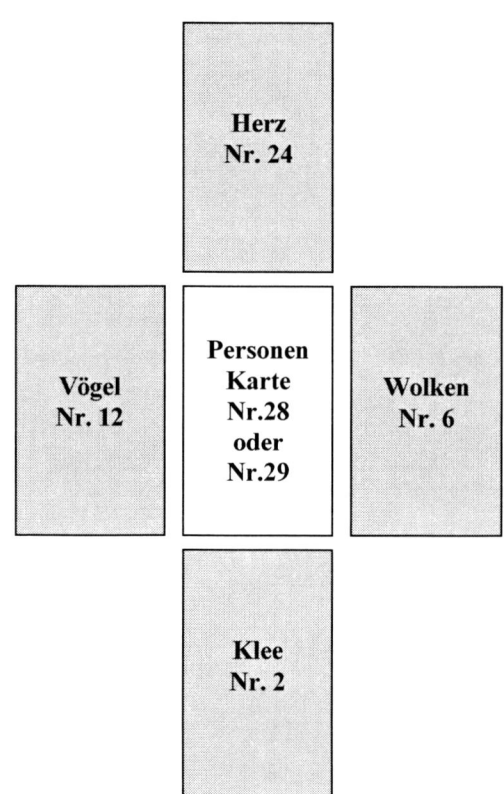

Der Momentan – Zustand

Betrachten Sie bitte die Vorlage 2, so dass Sie die einzelnen Schritte gleich nachvollziehen können.

Beispiel:
Bitte legen Sie die Karten so aus, wie es die
Vorlage 2 zeigt.

1. (PK),* Nr. 28 **oder** Nr. 29 **in die Mitte,**

2. **darüber** die   Nr. 24 Herz   - **Liebe,**

3. **links** von der PK die   Nr. 12 Vögel - **Kummer,**

4. **rechts** von der PK die Nr. 6 Wolken - **unklar,**

5. **unterhalb** der PK die Nr. 2 Klee   - **kl. Glück.**

Nun verbinden wir diese Konstellation und interpretieren sie:

1. Die Person denkt an **Liebe.**

2. Vor kurzem hatte sie **Kummer.**

3. Im Moment gibt es noch **Unklarheiten.**

4. Es wird aber alles **gut** werden.

*PK- Personenkarte.

Vorlage 3

Momentan-Zustand 3

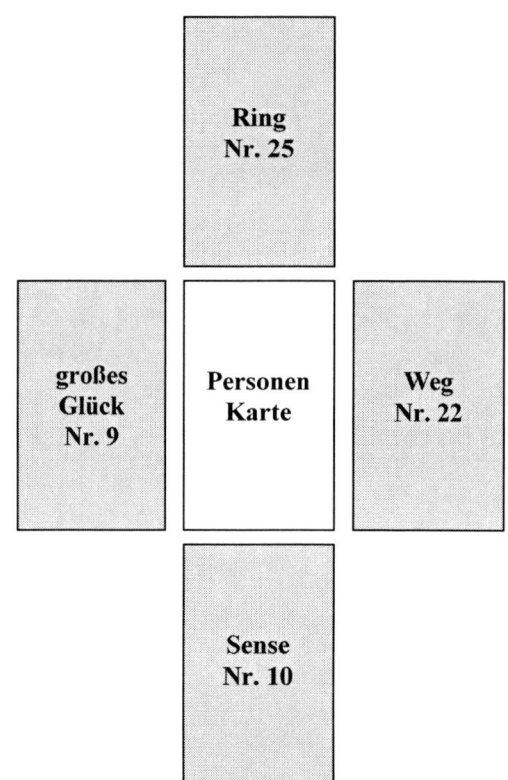

Noch ein Beispiel:

Betrachten Sie bitte die Vorlage 3, so dass Sie die einzelnen Schritte gleich nachvollziehen können.

Personenkarte (PK),	Nr. 28	**oder**
	Nr. 29	**in die Mitte,**
1. **darüber** die Karte	Nr. 25	**-Ehe,**
2. **links** von der *PK* die	Nr. 9	**- großes Glück,**
3. **rechts** von der *PK* die	Nr. 22	**- Entscheidung,**
4. **unterhalb** der *PK* die	Nr. 10	**- plötzliches Ende**

Nun interpretieren Sie:

....

....

....

....

Mein persönlicher Lösungsvorschlag:
1. *Die Person denkt an ihre* <u>*Ehe*</u>.
2. *Vor kurzem war sie noch* <u>*glücklich.*</u>
3. *Im Moment sucht die Person nach einer* <u>*Lösung*</u> *oder* <u>*Entscheidung*</u>.
4. *Sie sucht nach einer* <u>*Lösung*</u> **(PK + Nr. 22)***, die eventuell die Scheidung verhindern könnte* **(Nr.25 + Nr.10).**

Werfen wir nun einen Blick in ein Kartenbild!
Die Frage lautet: Wie steht es mit der Liebe?

Momentan-Zustand und die nahe Zukunft

Vorlage 4

	Nr.23						
Nr.16	Nr. 24 Herz	Nr. 2					
	Nr.9						

Das Thema heißt: *Wie steht es mit der Liebe?*
Betrachten Sie die Karte Nr. 24 im großen Kartenbild!

Nun beginnen Sie zu interpretieren!

Schauen Sie bitte in die Vorlage 4

....

....

....

....

Meine eigene Interpretation:

Nach großem Herzeleid (Nr.23+Nr.24) und Traurigkeit (23+16) in der Vergangenheit kommt eine wunderschöne große Liebe in der Zukunft (Nr. 24+Nr.2+Nr.9).

Wie Sie sehen, ist das Kartenlegen gar nicht so schwer.
Sie sollten nur immer wieder üben, üben und üben.
Lassen Sie Ihre Intuition spontan einfließen.

Weiteres zu diesem Themengebiet finden Sie im Handbuch I meines großen Selbstlernkurses.

Vierter Schritt

Waagrechte und senkrechte Deutungslinie

Der nächste Schritt führt uns zur waagrechten und senkrechten Deutungslinie

<u>Wichtig</u>:
Im großen Kartenbild sind die waagrechte und senkrechte Deutungslinie besonders zu beachten;

sie sind die Hauptdeutungslinien

und müssen daher zuerst betrachtet werden.
Dies gilt übrigens für alle Themen, die Sie in das Kartenbild gemischt haben.
Allerdings ersehen Sie das Wie und Warum ….
aus **der Deutungslinie Vergangenheit.**
Das heißt:
Haben Sie jetzt in der Gegenwart Schwierigkeiten in der Liebe, so könnten Sie aus der Vergangenheit ersehen, wieso es dazu kam.

Ursachen kommen aus der Vergangenheit!

Deshalb schauen Sie unbedingt in die Vergangenheit, und erfahren Sie bei dieser Gelegenheit gleich eine ganze Menge über sich selbst.
Keine Panik! Das sind Lernaufgaben. Man lernt, sich und Andere besser zu verstehen! Dadurch erlangen Sie neue Erkenntnisse, die Sie wieder ein Stückchen weiter bringen werden.

Waagrechte und senkrechte Deutungslinien
der Vergangenheit und der Zukunft

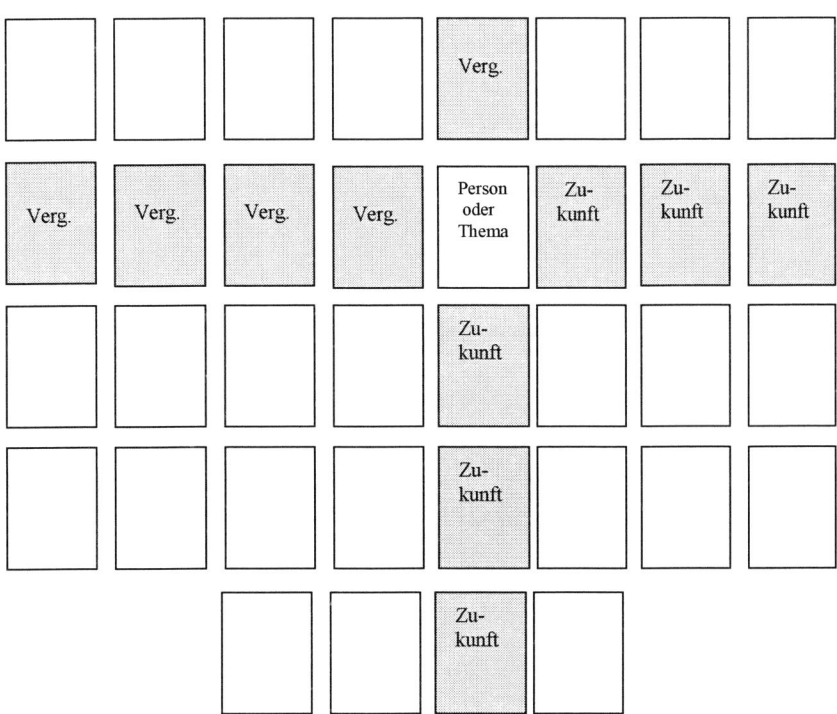

Sicher ist Ihnen schon aufgefallen, dass man manchmal, *aber nur manchmal,* keine sinnvolle Aussage machen kann.

Dies ist ganz normal,

es liegt sicher nicht an Ihnen. Verlieren Sie deshalb die Freude am Kartenlesen nicht. Manchmal scheinen zwei Karten um nichts in der Welt einen Sinn zu ergeben! Vielleicht sind Sie aber augenblicklich auch nur zu müde, um sich entsprechend zu konzentrieren, so dass Sie momentan einfach keine sinnvolle Aussage machen können. Machen Sie sich nichts daraus!

Übergehen Sie diese Karten einfach!

4. Beispiel: Wie steht es mit meiner Gesundheit? Momentan-Zustand, Vergangenheit, die nahe Zukunft (Fragerin)

Vorlage 5

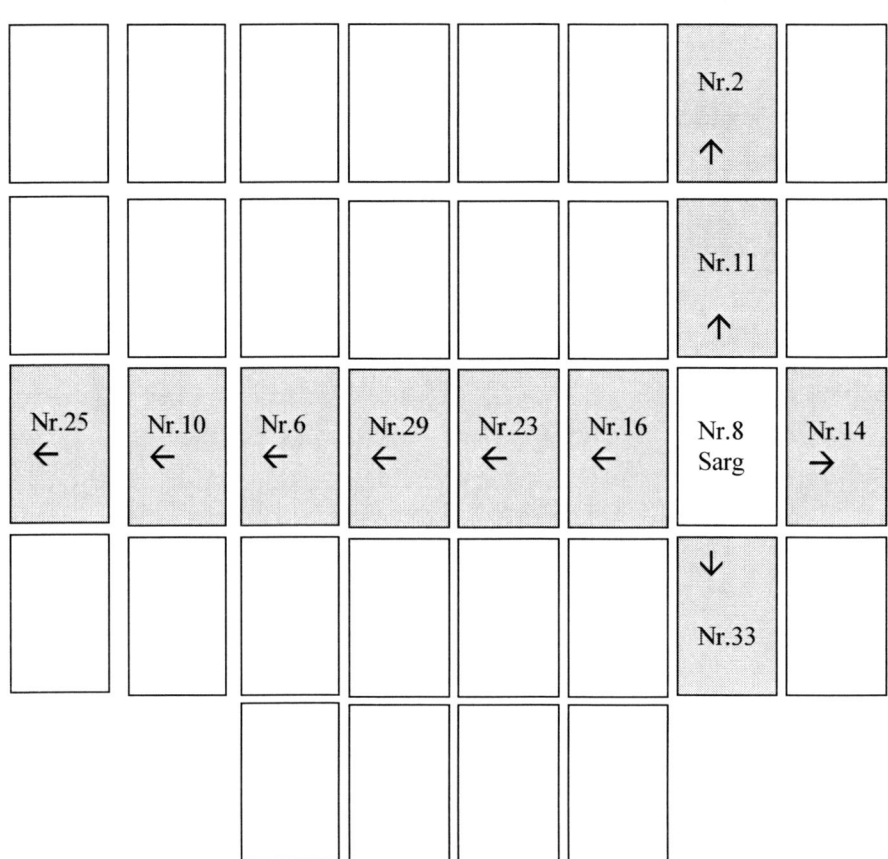

Das Thema lautet:

Wie steht es mit der Gesundheit dieser Frau?
Achten Sie im großen Kartenbild auf die Karte Nr. 8
(siehe Abbildung), sowie auf die Nr. 29 und fangen
Sie an zu interpretieren.

Sie interpretieren:

....

....

....

....

Meine eigene Interpretation:
Wichtig:
Achten Sie bitte auf die Kombinationen!

Nr. 29 ist geschieden (25/10) und macht sich viele Gedanken. Sie ist sehr traurig, auch depressiv(23/16)und hat Angst (Nr.23).
Sie sollte auf ihre Gelenke achten (Nr.8+Nr.33), sonst könnten die Gelenkschmerzen (Rheuma) chronisch werden. (Nr.8+33+11+14 mit Fuchs chronisch).
*Nervliche Belastungen (8/2) begannen bereits in der **Vergangenheit** aufgrund der Ehescheidung (25/10).*

Noch ein Beispiel:

Soll dieser Mann umziehen?
Vergangenheit und die Zukunft

Vorlage 6

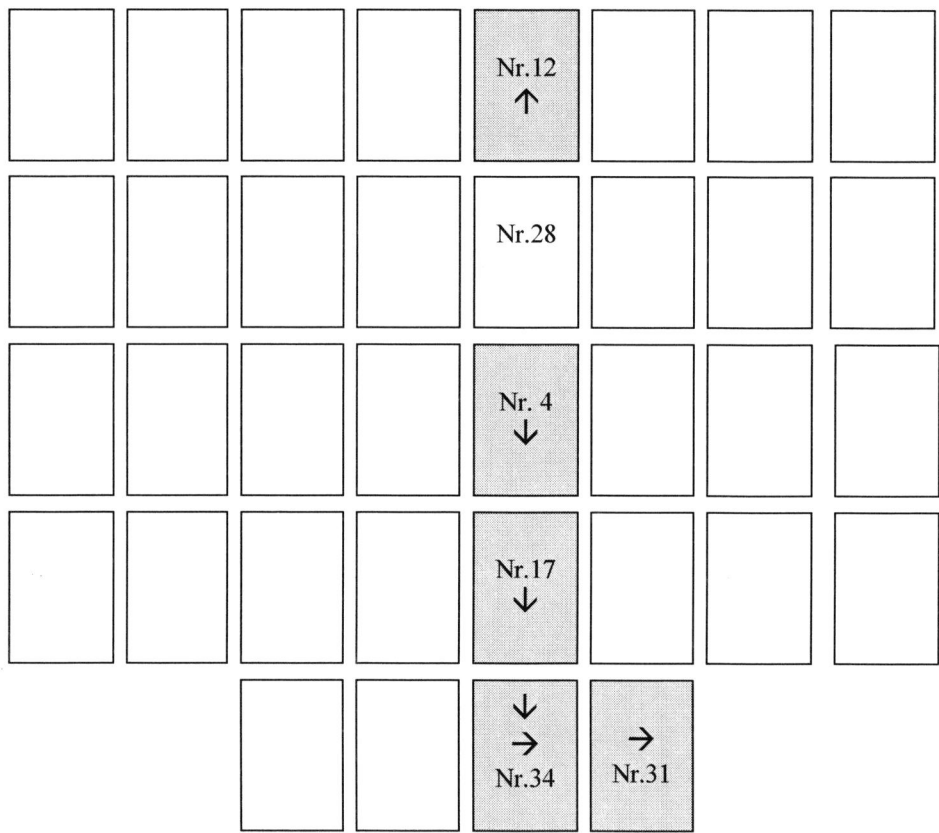

Das Thema heißt:
Dieser Mann möchte umziehen – soll er oder nicht?
Auf Nr. 28 achten!

Achten Sie im großen Kartenbild auf die jeweilige Karte (siehe Abbildung) und fangen Sie an zu interpretieren.

....

....

....

Meine eigene Interpretation:
Achten Sie bitte auf die Kombinationen!

Dieser Mann überlegt (Nr.12), ob er umziehen soll.
Ich würde ihm zu dem Umzug (Nr.4/Nr.17) raten, da die Karten Nr. 34/ Nr.31 am Ende der Deutungs-linie liegen.

Läge beispielsweise anstatt Nr. 31 die Karte Nr. 23 am Ende, so bekäme er finanzielle Schwierigkeiten.

Weiteres zu diesem Themengebiet finden Sie im Handbuch I meines großen Selbstlernkurses.

Fünfter Schritt

Diagonale, senkrechte und waagrechte Deutungslinien der Vergangenheit und der Zukunft

Vorlage 7

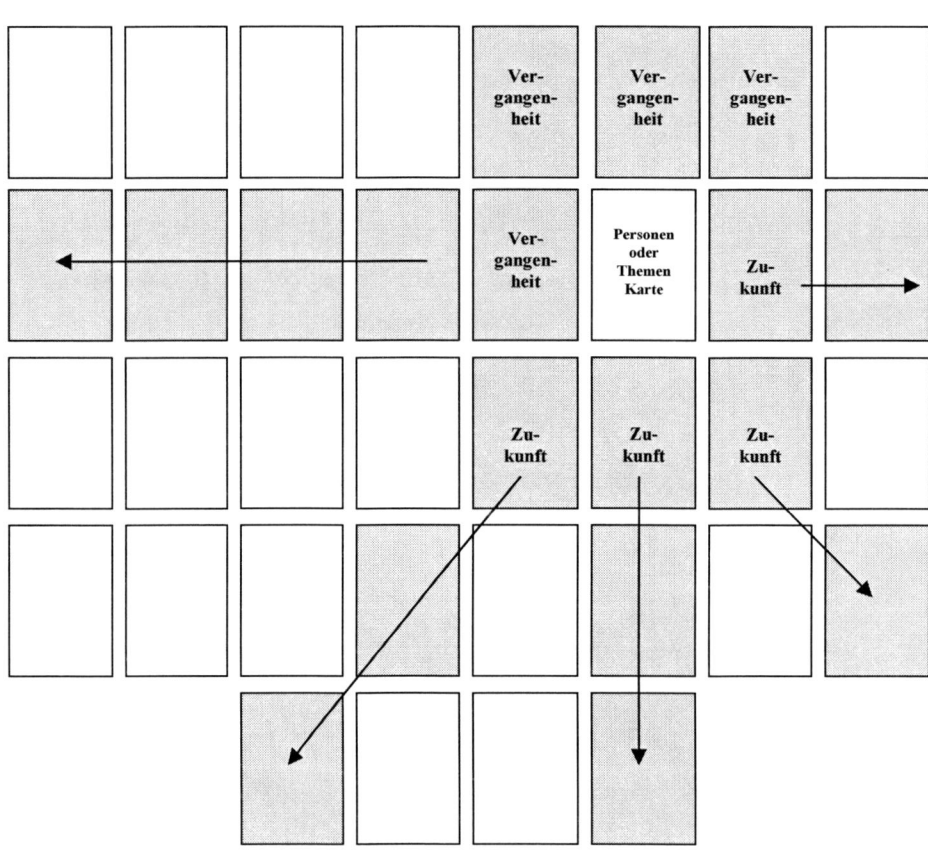

Sie interpretieren zuerst die Waagrechte und dann die Senkrechte, wie zuvor bei Schritt 4.

Das sind die Hauptdeutungslinien.

Die diagonalen Deutungslinien zeigen weitere Möglichkeiten, **aber eben nur Möglichkeiten,** bezüglich des ausgewählten Themas an.

Sie können sowohl eine negative als auch eine positive Aussage beinhalten.

Wie gesagt, die waagrechten und senkrechten Deutungslinien haben Vorfahrt.

Wenn Sie etwas über ein bestimmtes Thema (Liebe, Arbeit, Ehe usw.) wissen wollen, so orientieren Sie sich an Vorlage 7. Ganz gleich, wo die Themenkarte liegen mag.

Bleiben Sie immer innerhalb einer Deutungslinie und gehen Sie nach demselben System vor.

Lassen Sie sich Zeit, wenn Sie in die Deutungslinien schauen, sonst könnten Sie wichtige Dinge übersehen und daraus könnten dann Fehlinterpretationen entstehen.

Nun wird es ein klein wenig schwieriger. Mittlerweile haben Sie jedoch so viel geübt, daß es Ihnen nicht schwer fallen wird, gleich zu interpretieren.

Zur Erleichterung ziehen wir die Vorlage Fische heran. Zuerst interpretieren wir waagrecht und senkrecht, so dass Sie die Interpretation besser nachvollziehen können. Danach interpretieren wir dann die diagonalen Deutungslinien.

Viel Glück und Erfolg beim Lösen!

Das Übungsblatt – Fische – Finanzen
waagrecht und senkrecht

Vorlage 8

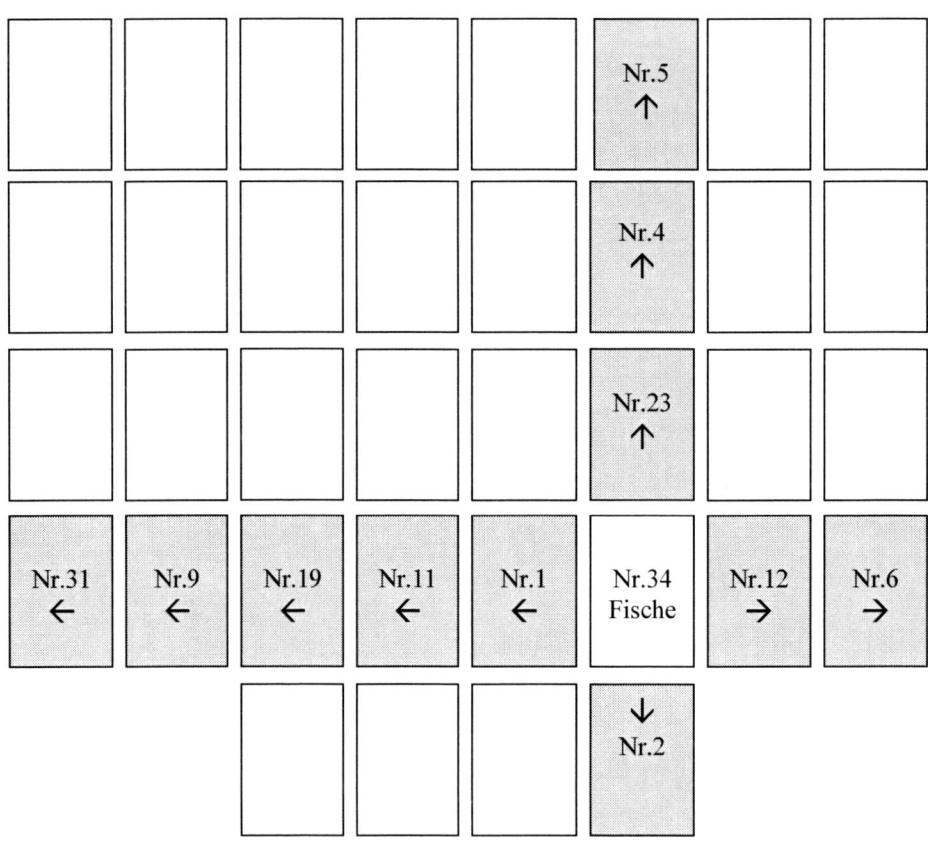

Nun interpretieren Sie

waagrecht: …………………………………..

……………………………………………

senkrecht: …………………………………..

……………………………………………

Meine persönliche Interpretation:

Die Frage war:
 Wie sieht es mit den Finanzen aus?

Ich schaue zuerst in die **Zukunft.**
*Ihr Kummer und Ärger mit den Finanzen
löst sich wieder auf. Es kann alles wieder
gut werden.*

Nun schaue ich in die **Vergangenheit,**
um zu sehen, wie der <u>Kummer</u> entstand:
*Beruflich war man sehr erfolgreich.
Durch einen Hauserwerb (Karte Nr. 5 und
Nr. 4 bedeuten Eigentum) kamen jedoch
Geldprobleme auf.
Diese wirkten sich auch auf den Beruf aus.
So gab es auch bei der Arbeit Streit aufgrund
dieser Probleme.*
Zum guten Schluss könnte man noch sagen,
beziehungsweise betonen:
Seien Sie sehr vorsichtig mit Ihren Geldausgaben,
dann kann alles wieder in Ordnung kommen.

Diagonale, senkrechte und waagrechte Deutungslinien der Vergangenheit und der Zukunft im Zusammenhang
– Fische – Finanzen

Vorlage 9

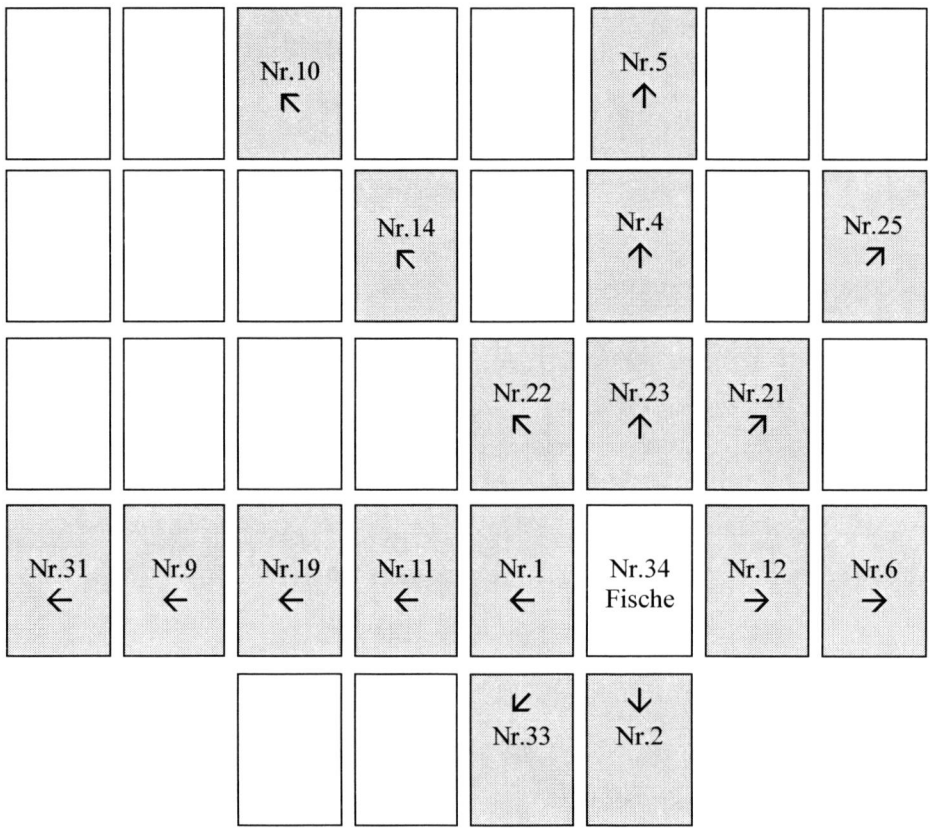

Sie interpretieren zuerst die Waagrechte und dann die Senkrechte, wie zuvor bei Schritt 4. Gehen Sie dann zu den Diagonalen über.

waagrecht: …………………………………

senkrecht: …………………………………..

diagonal rechts: …………………………….

diagonal links: …………………………...

Meine persönliche Interpretation

Für die Vergangenheit:
Beruflich hatte man großen Erfolg. Aufgrund eines Hauserwerbs kamen jedoch finanzielle Probleme auf. Diese wirkten sich auch im Beruf aus .Dort gab es ebenfalls Streit.

Nun schaue ich in die diagonale Deutungslinie:
Durch diese Geldprobleme wurde die Ehe ebenfalls belastet.
Man musste diplomatische Entscheidungen treffen.

Für die Zukunft in der diagonalen Deutungslinie:
Die Zukunft könnte durch aktives Handeln positiv beeinflusst werden.(siehe Karte Nr. 33 Schlüssel + Karte Nr. 2 Klee)

Das heißt für die Zukunft:
Geldausgaben und Entscheidungen sollten gut überlegt sein. So wird sich alles wieder zum Positiven wenden und der Kummer und die Belastungen könnten sich auflösen.

Weiteres zu diesem Themengebiet finden Sie in Handbuch II meines großen Selbstlernkurses.

Sechster Schritt
Das große Kartenbild
jede 5. Karte herausnehmen

Vorlage 10

				herausnehmen			
	herau-nehmen					heraus-nehmen	
			heraus-nehmen				
heraus-nehmen					heraus-nehmen		
			heraus-nehmen				

Abdecken des großen Kartenbildes

Nehmen Sie jede fünfte Karte aus dem großen Kartenbild (Vorlage 10) heraus. Diese sieben Karten mischen und verteilen Sie mit **der Bildseite nach unten** auf dem Tisch.

Danach betrachten Sie das große Kartenbild. Überlegen Sie, zu welchem Thema Sie eine Karte legen wollen. Konzentrieren Sie sich. Sie wissen, dass die Karten dann klarere Aussagen machen. Ziehen Sie eine der 7 Karten und legen Sie diese verdeckt (Bildseite nach unten) auf eine Karte, über die Sie genaueres erfahren möchten, wie beispielsweise die Karte Nr. 28.
Ziehen Sie danach eine zweite Karte und legen diese auf eine weitere interessante Karte, wie beispielsweise Nr. 29.
Nun folgt die dritte Karte auf Ihr jeweiliges Thema (Liebe, Ehe, Arbeit, Geld usw.).
So verfahren Sie weiter bis alle 7 Karten verdeckt auf einer Themen- oder Personenkarte liegen. Danach decken Sie eine der abgedeckten Karten nach der anderen auf und deuten die so entstandenen Kartenpaare.

Zum Beispiel:
Sie legten eine Karte auf die Nr. 24 Herz und deckten die Karte Nr. 2 Klee auf.

Nr. 24 Herz   +   **Nr. 2 Klee**
Liebe   *kleines Glück*

nun interpretieren Sie:

....

oder
Sie ziehen eine Karte Nr. 23 Ratte und legen
diese auf die Karte Nr. 29

zum Beispiel:

Nr. 29 Frau   +   Nr. 23 Ratte

....

Meine Interpretation wäre:

Das 1. Kartenpaar sagt aus:
In der Liebe hat diese Frau Glück
Das 2. Kartenpaar sagt aus:
Diese Frau Nr. 29 hat Angst

Nun interpretieren wir zu einer sinnvollen
Aussage:

Diese Frau hat Glück in der Liebe
und zugleich Angst, diese wieder zu verlieren.

So verfahren Sie mit allen noch abgedeckten
Kartenpaaren.

Dies ist eine zusätzliche Information zum großen Kartenbild.

Diese sieben abgedeckten Karten könnten die nächsten wichtigsten Ereignisse sein.
Das heißt auch, dass diese Paare wichtige Zusatzinformationen zum großen Kartenbild beinhalten können.

Weiteres zu diesem Themengebiet sowie Zukunfts- und Zeitkarten finden Sie im Handbuch II meines großen Selbstlernkurses.

Siebter Schritt

Was sind Kombinationen?
Wie erkennt man sie im großen Kartenbild?

Kombinationen sind beim Kartenlesen von großer Wichtigkeit.

Kombinationen sind Sätze aus zwei (manchmal auch 3 oder 4) Karten, die zusammengehören und gemeinsam eine bestimmte Aussage beinhalten.
Diese Karten liegen im Kartenbild nebeneinander, unter Umständen allerdings auch etwas voneinander entfernt (Siehe Vorlage 11).

Noch einmal:
Bleiben Sie bitte immer innerhalb einer *Deutungslinie*.
Das heißt: Entweder in der waagrechten, senkrechten, oder der diagonalen Deutungslinie.
Ganz gleich, ob die Karten zusammen oder etwas entfernt voneinander liegen, springen Sie bitte nicht auf eine andere *Deutungslinie* über!

Einige wichtige Kombinationen:

Nr. 8 Sarg
Nr. 23 Ratte   *Magen-Darm-Erkrankungen*

Nr. 16 Stern   *Depressionen,*
Nr. 23 Ratte   *Suchtgefahr*

Nr. 36 Kreuz
Nr. 25 Ring   *Heirat oder*
Nr. 9 Blumenstrauß   *Zusammenleben*

Nr. 15 Bär (Nr. 18 Hund)
Nr. 24 Herz
Nr. 33 Schlüssel   *Geliebter von Nr. 29*

Nr. 7 Schlange (Nr. 13 Kind)
Nr. 24 Herz
Nr. 33 Schlüssel   *Geliebte von Nr. 28*

Nr. 23 Ratte   *Nach Enttäuschung*
Nr. 24 Herz   *wieder Liebe*

Nr. 14 Fuchs
Nr. 23 Ratte   *Betrug*

Nr. 27 Brief
Nr. 34 Fische
Nr. 23 Ratte   *Vorsicht mit Verträgen (Geld)*

Nr. 25 Ring   *Jeder geht seiner Wege*
Nr. 22 Wege   *(eventl. Trennung)*

Nr. 25 Ring   *Man leidet in der Ehe*
Nr. 16 Sterne   *solange, bis man die Angst*
Nr. 23 Ratte   *vor der Trennung*
                                überwunden hat.

Nr. 34 Fische
Nr. 6 Wolken   *Achten Sie auf Ihr Geld!*

Nr. 9 Blumenstrauß
Nr. 34 Fische   *Gewinn, Glück mit Geld*

Nr. 17 Storch   *Veränderung im*
Nr. 4 Haus   *Wohnbereich oder Umzug*

Nr. 5 Baum
Nr. 23 Ratte   *Lebensängste*

Nr. 36 Kreuz   *Rückenschmerzen oder*
Nr. 23 Ratte   *Zukunftsängste*

Nr. 32 Mond   *Seelische Erkrankung*
Nr. 8 Sarg   *oder Schlafstörungen*

Nr. 34 Fische   *Achtung: auf Ernährung*
Nr. 8 Sarg   *achten!*

Nr. 23 Ratte
Nr. 34 Fische   *großer Ärger wegen*
Nr. 11 Rute   *Zahlungsschwierigkeiten*
Nr. 33 Schlüssel

Weitere Kombinationen finden Sie
in Handbuch II

Zukunftsdeutungslinie Ring
waagrecht, senkrecht und diagonal

Vorlage 11

				Nr. 25 Ring	Nr. 2 Klee →	Nr. 32 Mond →	Nr. 31 Sonne →
			↙ Nr. 9 Blumen	↓ Nr. 11 Rute	↘ Nr. 12 Vögel		
	↙ Nr. 4 Haus		↓ Nr. 10 Sense				

Bitte Interpretieren Sie

waagrecht: …..

senkrecht: …..

diagonal: …..

Nun fassen Sie die Aussagen zu einer sinnvollen Interpretation zusammen!

…………………………………………………….

…………………………………………………….

Die folgenden Lösungsvorschläge entspringen meiner **persönlichen Intuition.**
Sie stellen eine **mögliche Deutung** dar.

Waagrecht:

Diese Partnerschaft ist glücklich, gefühlvoll und positiv.

Senkrecht:

Bald wird es zu Streitereien kommen. Die Partnerschaft könnte auseinander brechen.

Diagonale links:

Die Partnerschaft sollte/müsste harmonisch verlaufen. (Sie sollten sich bemühen, einander zu verstehen.)

Diagonal rechts:

Um diese Harmonie müssen sich beide Partner bemühen.

Zusammenfassung:

Die Partnerschaft ist glücklich. Beide Partner müssen sich im häuslichen Bereich um Harmonie bemühen. Ständige Streitereien sollten nach Möglichkeit vermieden werden. Es besteht die Gefahr des Scheiterns der Partnerschaft (Scheidung oder Trennung).

Zukunftsdeutungslinien Ring
waagrecht, senkrecht und diagonal

Vorlage 12

				Nr. 25 Ring	Nr. 2 Klee →	Nr. 32 Mond →	Nr. 31 Sonne →
			↙ Nr. 16 Sterne	↓ Nr. 11 Rute	↘ Nr. 22 Weg		
	↙ Nr. 23 Ratte		↓ Nr. 10 Sense				

Nun interpretieren Sie:

waagrecht: …………………………….............

senkrecht: …………………………….………...

diagonal: …………………………………………..

60

Nun fassen Sie die Aussagen zu einer sinnvollen Interpretation zusammen:

………………………………………………………………

………………………………………………………………....

………………………………………………………………

Meine persönliche Interpretation:

Waagrecht: *Diese Partnerschaft ist glücklich, gefühlvoll und verläuft positiv.*

Senkrecht: *Bald wird es zu Streitereien kommen. Die Partnerschaft könnte auseinander brechen.*

Diagonal links: *Durch die Streitereien in der Partnerschaft wird man traurig und depressiv.*
Diagonal rechts: *Die Partner werden sich trennen.*

Zusammenfassung:
Die Partnerschaft verläuft momentan glücklich. Allerdings kommt es durch die ständigen Streitereien zu Depressionen.
Wenn keine positive Lösung gefunden wird, ist die Gefahr der Trennung sehr groß (Scheidung).

Weiteres zu diesem Themengebiet
finden Sie in Handbuch II meines
großen Selbstlernkurses.

Beispielvorlage zu Kombinationen Ring/Sense
4 verschiedene Möglichkeiten
waagrecht, senkrecht und diagonal

Vorlage 13

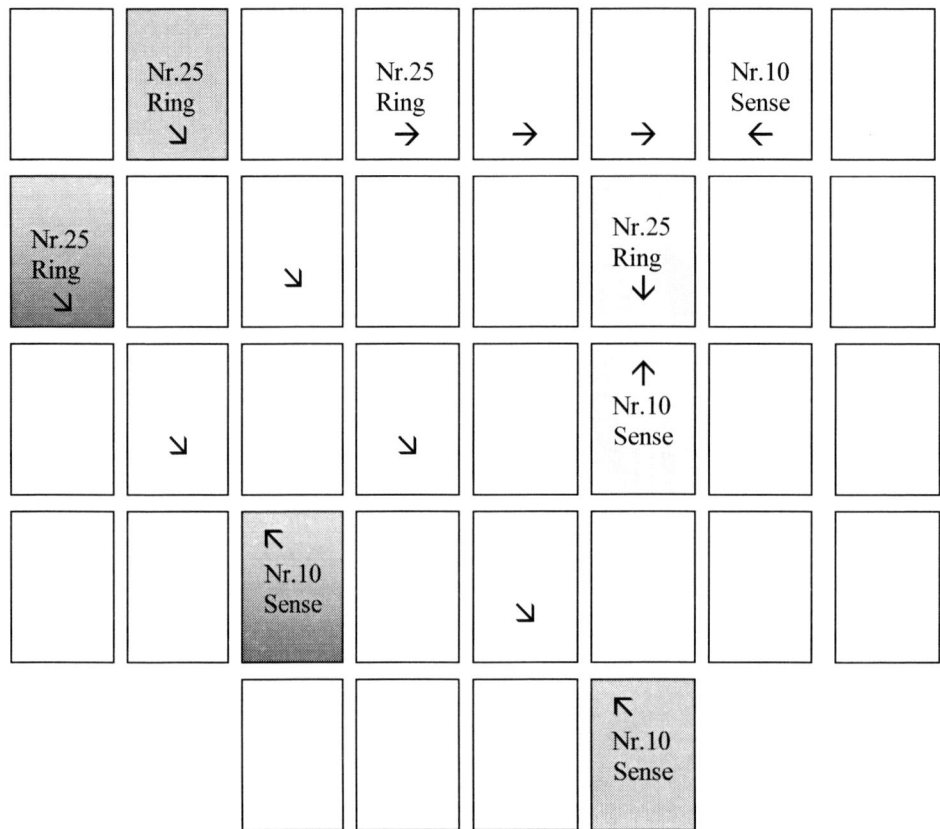

1. Beispiel: waagrecht

In der waagrechten Deutungslinie erkennen wir,
dass **Ring** und **Sense** entfernt voneinander liegen.
Dies bedeutet, dass die Karten, die zwischen
Ring und der **Sense** liegen, <u>besonders zu beachten
sind</u>. Hier liegen eventuell Möglichkeiten,
die Scheidung zu verhindern.

2. Beispiel: senkrecht

In der senkrechte Deutungslinie liegen **Ring und Sense** untereinander.

Das heißt: Man lebt in Scheidung oder sie kommt.

3. und 4. Beispiel: diagonal

In der diagonalen Deutungslinie liegen Ring und Sense etwas entfernt voneinander. Das bedeutet, dass die Scheidung eventuell noch zu verhindern wäre.

Mein persönlicher Ratschlag:

An diesen Beispielen lässt sich sehr gut erkennen, dass man mit seiner Interpretation sehr vorsichtig sein muss.

Sie sollten zunächst alle Deutungslinien lesen, um daraus eine sinnvolle Interpretation zu schaffen. In unseren Beispielen ging es darum, ob eine Scheidung noch zu verhindern ist. Dies ist ein sehr schwieriges Thema und muss sehr vorsichtig behandelt werden.

Sehen Sie sich daher bitte alle Deutungslinien genau an, bevor Sie eine **schwerwiegende Äußerung von sich geben.**

Bitte denken Sie daran, dass Menschen oft erst dann Rat in den Karten suchen, wenn sie in eine gewisse Notlage geraten sind. So ist der Umgang mit den Karten eine verantwortungsvolle Aufgabe. Man sollte niemals leichtfertig und oberflächlich damit umgehen. Es gehört sehr viel Einfühlungsvermögen dazu.

Testen Sie sich

1. Ist die erste Karte im Kartenbild eine wichtige Karte?

   ja………..nein……..…

2. Was bedeutet es, wenn eine Frau (Fragerin) die Karten mischt und dann die erste Karte im großen Kartenbild die Nr. 29 ist? Ist sie Zukunftsorientiert?

   Ja………..nein………..

3. Was bedeutet es, wenn eine Frau (Fragerin) die Karten mischt und dann die letzte Karte im großen Kartenbild die Nr. 29 ist?   Schaut sie in die Vergangenheit?

   Ja……..…nein………..

4. Müssen alle Karten im Tableau gedeutet werden?

   Ja……….. nein………..

5. Ist es wichtig, die erste Karte zuerst anzusehen?

   Ja……….. nein……..…

6. Ist es wichtig, die letzte Karte in die Deutung mit einzubeziehen?   Ja…………nein………..

7. Ist es wichtig, welche Karte im großen Kartenbild neben dem Frager oder der Fragerin liegt?

   Ja………..nein………..

8. Ist es wichtig, welche Karte im großen Kartenbild neben der Arbeit, Liebe, Ehe, Finanzen usw. liegt?   Ja…………nein………..

9. Ist es wichtig, auf Kombinationen zu achten?

   Ja…………nein………..

Lösungen zu den Testaufgaben

Die folgenden Lösungsvorschläge entspringen meiner persönlichen Intuition.

1. Ist die erste Karte im Kartenbild eine wichtige Karte?

    ja

2. Was bedeutet es, wenn eine Frau (Fragerin) die Karten mischt, und dann die erste Karte im großen Kartenbild die Nr. 29 ist?

    Sie ist zukunftsorientiert

3. Was bedeutet es, wenn eine Frau (Fragerin) die Karten mischt, und dann die letzte Karte im großen Kartenbild die Nr. 29 ist?

    Sie denkt an die Vergangenheit

4. Müssen alle Karten im Tableau gedeutet werden?

    nein

5. Ist es wichtig, die erste Karte zuerst anzusehen?

    ja   .

6. Ist es wichtig, die letzte Karte in die Deutung mit einzubeziehen?

    ja

7. Ist es wichtig, welche Karte im großen Kartenbild neben dem Frager oder der Fragerin liegt?

    ja

8. Ist es wichtig, welche Karte im großen Kartenbild neben der Arbeit, Liebe, Ehe, Finanzen usw. liegt

    ja

9. Ist es wichtig, auf Kombinationen zu achten?

    ja

Übungsblatt

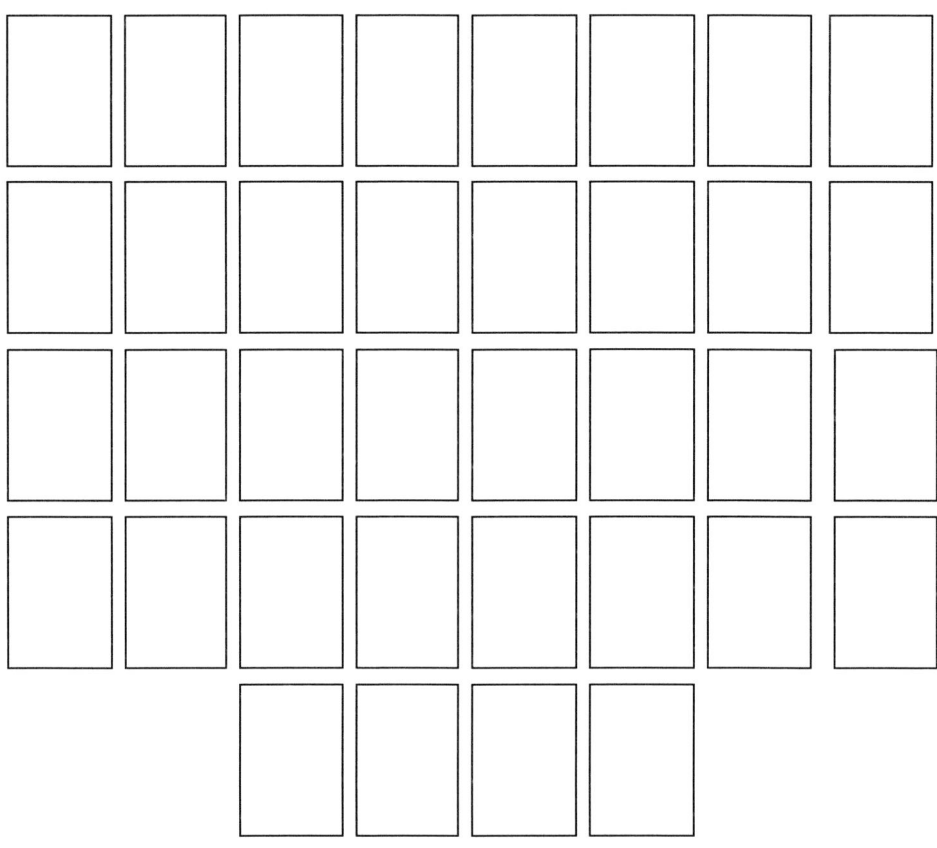

Nun ist der Kompakt-Kurs *„Britta führt Sie mit 7 schnellen Schritten in das Kartenlegen ein"* beendet.

Der Kompakt-Kurs
ist in Deutsch, Englisch, Italienisch, Französisch oder Spanisch erhältlich.

Auch als Geschenk-Idee geeignet.

Wenn Sie tiefer in die Materie des Kartenlegens einsteigen möchten, und diese **neben-** oder **hauptberuflich** ausüben wollen, dann empfehle ich Ihnen

den großen Selbstlernkurs im Selbststudium

Info zu Seminaren mit Britta:
Telefon 00+(49) 711/316 64 66

Der große Selbstlernkurs

jeweils mit reichlichen Übungen und bildlichen Darstellungen, sowie Lösungsvorschlägen

Grundkurs Handbuch I

Erster Teil: Karten verstehen und deuten lernen
Die Bedeutung der 36 Karten nach Mlle. Lenormand. Mischen und Auslegen der Karten. Die Tageskarte. Zwei Karten miteinander verbinden

Zweiter Teil: Momentan-Zustand, Fragen in klarer Form stellen
Wir schauen rund um die Personenkarte. Der Momentan-Zustand der Person wird gedeutet. Übungen mit den Negativ Karten.

Dritter Teil: Deutungslinien waagrechte, senkrechte, Besonderheiten von Karten
Wir üben eine ganze Kartenreihe. Deutungslinie waagrecht, senkrecht. Besonderheiten von einigen Karten. Wichtiges über die Personenkarte im großen Kartenbild.

Vierter Teil: Abdecken des Kartenbildes, die nächste Zukunft
Deutungslinie waagrecht und senkrecht. Abdecken des großen Kartenbildes. Wie erkennt man Kombinationen? Wichtige Kombinationen. Weitere Deutungsmöglichkeiten. Wichtige Ratschläge und Tipps.

Aufbaukurs Handbuch II .-

Fünfter Teil: Kombinationen - wichtiger Teil
Kombinationen; die Krankheiten, Finanzen, Beruf, Liebe, Ehe, allgemeine Themen, Gefahren. Übungen zu Kombinationen.

Sechster Teil: Das erweiterte Sehen in allen Richtungen- Zukunft und Vergangenheit
Wie sieht es mit meinen Finanzen aus? Senkrechten und waagrechten Deutungslinien im Zusammenhang. Zukunftsdeutung Ring. Wie sehe ich eine Scheidung? Zukunft und Vergangenheit im großen Kartenbild.

Siebter Teil: Zukunfts- und Zeitkarten
Eine erweiterte Leseart der diagonalen Deutungslinie. Ergänzung zu den Aussagen im großen Kartenbild. Die Zeitkarten und Zukunftskarten mit Übungen und Lösungsvorschlägen. Zukunftskarten im großen Kartenbild. Erweiterung der Aussagen des großen Kartenbildes. Verschiedene Legetechniken mit genauen Anleitungen.

Achter Teil: Übungsbuch
Wichtige Tipps und Ratschläge. Vertiefung der Übungen von Teil 1-7 mit sehr vielen bildlichen Darstellungen. Übungen und Lösungsvorschläge.

Der große Selbstlernkurs
leicht erlernbar mit
Handbüchern
Grundkurs Handbuch I

Ist in Deutsch und Englisch
erhältlich

Wenn Sie diese Bücher erwerben wollen:

BriKa – Verlag
www.BriKa-Verlag.de
(+49) 0711/ 316 64 66

Der große Selbstlernkurs
leicht erlernbar mit
Handbüchern
Aufbaukurs Handbuch II

ist in Deutsch und Englisch
erhältlich

Handbuch III für angehende Kartenleger/innen

eine Erweiterung zum bewährten Grund- und Aufbaukurs:

Einfache Numerologie
Genügt zur schnellen Unterstützung zum Kartenlegen.
Einfache Astrologie als Hilfestellung zum Kartenlegen.
Worauf muss ich achten, wenn ich den Beruf ausüben möchte?
Wie wähle ich die richtigen Worte? Reichliche Übungen mit Beispielen
für Beratungsgespräche danach meine eigene Interpretation.
Schützen Sie sich. Schützen Sie Ihre Kunden. Achten Sie auf Ihre Energie.
Einige Übungen zur inneren Balance. Wichtige Hilfsmittel: Liebesrituale,
Chakren, Tensor, Abaris, Steine Schüssler Salze, Bachblüten, usw.
Schützen Sie Ihr Geld.
Arbeiten innerhalb der eigenen vier Wände? 0190…… Nr. etc.: ja oder nein?
Abbuchung oder Vorauskasse? Tipps und Ratschläge und vieles mehr.

Handbuch IV für das professionelle Kartenlegen

der Grundstein für eine eigene Existenz als Kartenleger/in:

Britta gibt ihren langjährigen Erfahrungsschatz weiter -
Meine **eigene Arbeitsweise,** auch mit zusätzlichen Hilfsmitteln, schrittweise
erklärt mit vielen bildlichen Darstellungen zum Nachvollziehen.
Wie deute ich ein **Kartenbild von Anfang bis Ende?**
Wie bekomme ich noch mehr aus einem **Kartenbild heraus?**
Wie arbeite ich mit den **Zeit- u. Zukunftskarten** im großen Kartenbild?
Erweiterte Deutungsmöglichkeiten durch das Einbeziehen von
Berufsbezeichnungen.
Erweiterte Deutungsmöglichkeiten durch Einbeziehen von **Jahreszeiten.**
Wie beantworte ich **konkrete Fragen?**
Wie lese ich die **Gedanken einer Person?**
Ich gehe **immer tiefer** in die Kartenlesung hinein.
Wie **beginne ich ein Beratungsgespräch** und führe es zu Ende?
Außerdem viele Tipps und Ratschläge.

Zur weiteren Vertiefung empfiehlt Britta Ihnen

Erweiterter Kurs
Handbuch III

Wenn Sie diese Bücher erwerben wollen:

BriKa – Verlag
www.Brika-Verlag.de
(+49) 0711/ 316 64 66

*Die langjährige professionelle Kartenlegerin **Britta Kienle** gibt in diesem Handbuch ihren reichen Erfahrungsschatz im Umgang mit den Karten weiter*

Handbuch IV

**Neuerscheinung im Dezember
im Brika-Verlag**

Interpretationshilfe

Wer mit dem Kartenlegen beginnt, hat zunächst eine große
Hürde zu überwinden:
Er kennt die Karten mit all ihren Feinheiten bei der
Auslegung noch nicht auswendig und hat dadurch von Zeit
zu Zeit Schwierigkeiten bei der Interpretation einzelner
Kartenpaare.
Aus diesem Problem heraus ist diese Interpretationshilfe
entstanden. Sie bietet Ihnen Interpretationen und Erklärungen
zu jeder einzelnen Karte an sich und in Verbindung mit allen
weiteren im Set vorkommenden Karten.

Lassen Sie beim Kartenlegen also zunächst einmal weiterhin
Ihre Intuition walten und versuchen Sie die Bedeutung der
jeweiligen Karte aus dem Zusammenhang heraus zu erkennen.
Sollten Sie jedoch einmal zu keinem stimmigen Ergebnis
gelangen, so nehmen Sie dieses Buch zur Hand und können
ganz einfach bei der entsprechenden Karte nachschlagen.